Impressum
Verlag: BABADADA GmbH, Nedderfeld 112 , 22529 Hamburg
Geschäftsführer / Verlagsleitung: Harald Hof
Druck: Books on Demand GmbH, In de Tarpen 42, 22848 Norderstedt

Imprint
Publisher: BABADADA GmbH, Nedderfeld 112 , 22529 Hamburg, Germany
Managing Director / Publishing direction: Harald Hof
Print: Books on Demand GmbH, In de Tarpen 42, 22848 Norderstedt, Germany

škola
Šola

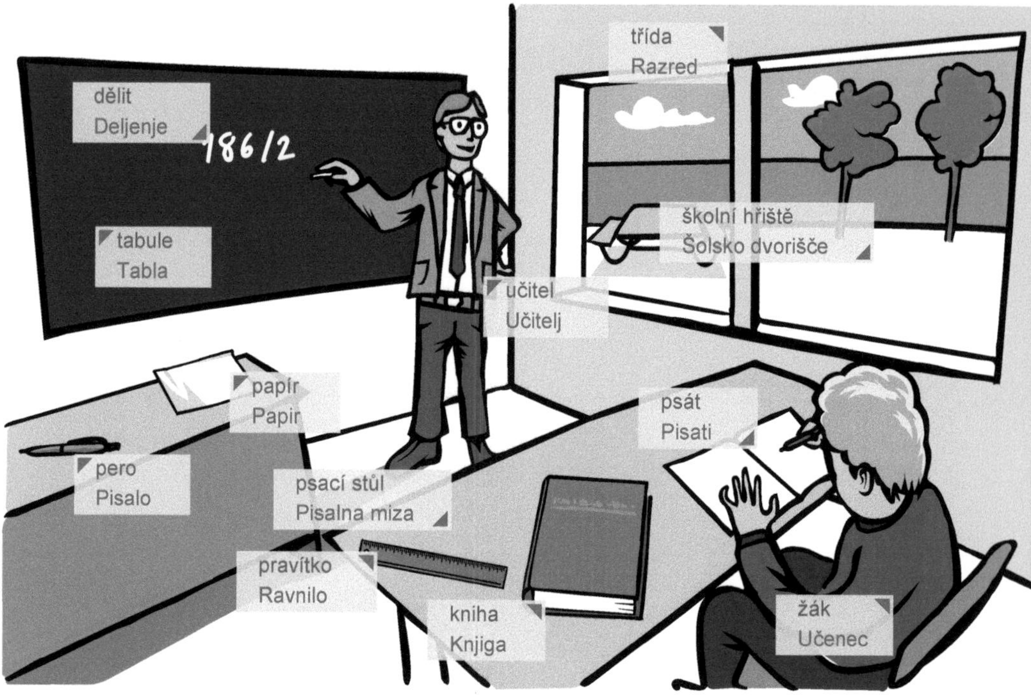

třída
Razred
dělit
Deljenje
186/2
tabule
Tabla
školní hřiště
Šolsko dvorišče
učitel
Učitelj
papír
Papir
psát
Pisati
pero
Pisalo
psací stůl
Pisalna miza
pravítko
Ravnilo
kniha
Knjiga
žák
Učenec

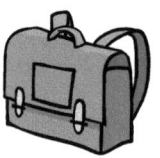

aktovka
Šolska torba

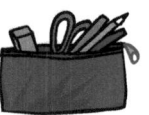

penál
Peresnica

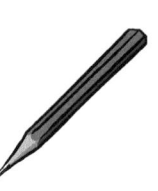

tužka
Svinčnik

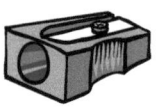

ořezávátko
Šilček

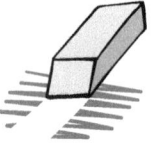

guma
Radirka

blok na kreslení
Risalni blok

výkres

Risba

štětec

Čopič

malířské potřeby

Vodene barvice

nůžky

Škarje

lepidlo

Lepilo

cvičebnice

Zvezek

domácí úkol

Domača naloga

počet

Število

sčítat

Seštevanje

odčítat

Odštevanje

násobit

Množenje

počítat

Računanje

písmeno

Črka

abeceda

Abeceda

hello

slovo

Beseda

text
....
Besedilo

číst
....
Brati

křída
....
Kreda

hodina
....
Učna ura

třídní kniha
....
Redovalnica

zkouška
....
Preizkus znanja

vysvědčení
....
Spričevalo

školní uniforma
....
Šolska uniforma

vzdělání
....
Izobrazba

encyklopedie
....
Enciklopedija

univerzita
....
Univerza

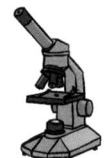

mikroskop
....
Mikroskop

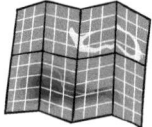

karta
....
Zemljevid

odpadkový koš na papír
....
Koš za smeti

cesta
Potovanje

hotel
Hotel
Grand
ubytovna
Hostel
ROOMS
směnárna
Menjalnica
CHANGE
kufr
Kovček
auto
Avtomobil

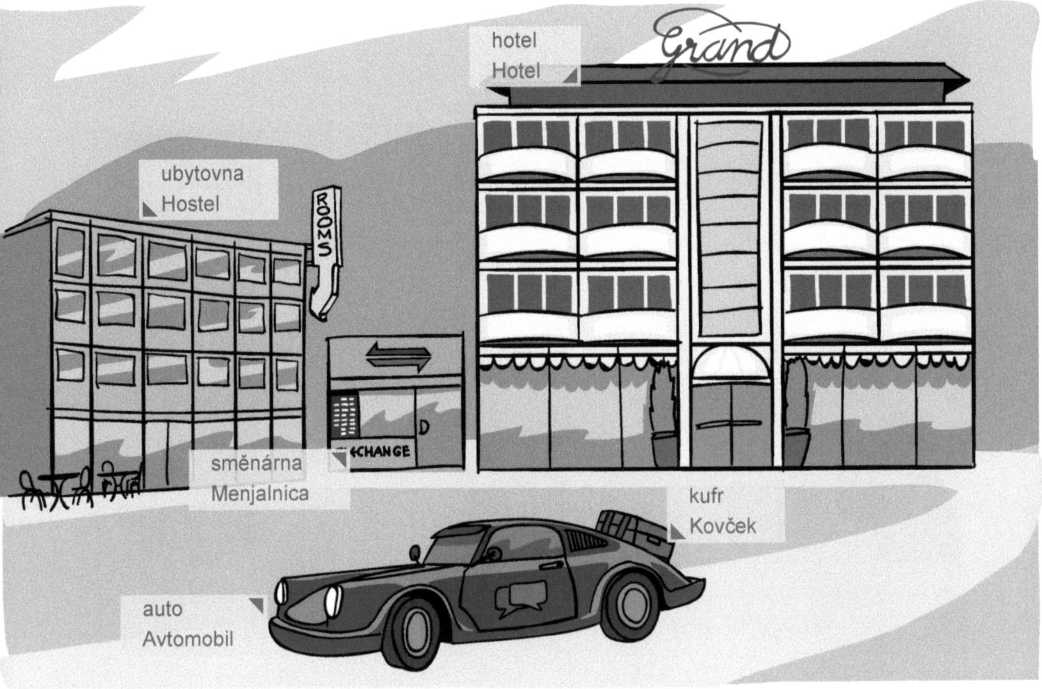

jazyk

Jezik

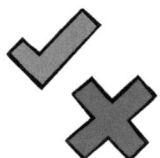

ano / ne

da / ne

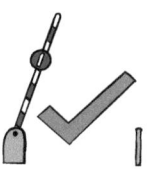

oukej

Prav

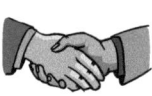

Ahoj!

Pozdravljeni

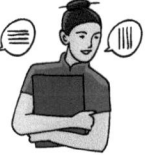

překladatel

Prevajalec

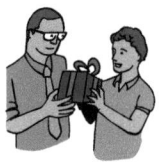

děkuji

Hvala

Kolik stojí...?

Koliko stane...?

nerozumím

Ne razumem

problém

Težava

Dobrý večer!

Dober večer!

Dobré ráno!

Dobro jutro!

Dobrou noc!

Lahko noč!

na shledanou

Nasvidenje

směr

Smer

zavazadlo

Prtljaga

taška

Torba

batoh

Nahrbtnik

host

Gost

pokoj

Soba

spací pytel

Spalna vreča

stan

Šotor

turiistické informace

Turistične informacije

pláž

Plaža

kreditní karta

Kreditna kartica

snídaně

Zajtrk

oběd

Kosilo

večeře

Večerja

jízdenka

Vozovnica

výtah

Dvigalo

poštovní známka

Znamka

hranice

Meja

clo

Carina

poselství

Veleposlaništvo

vízum

Vizum

pas

Potni list

transport
Prevoz

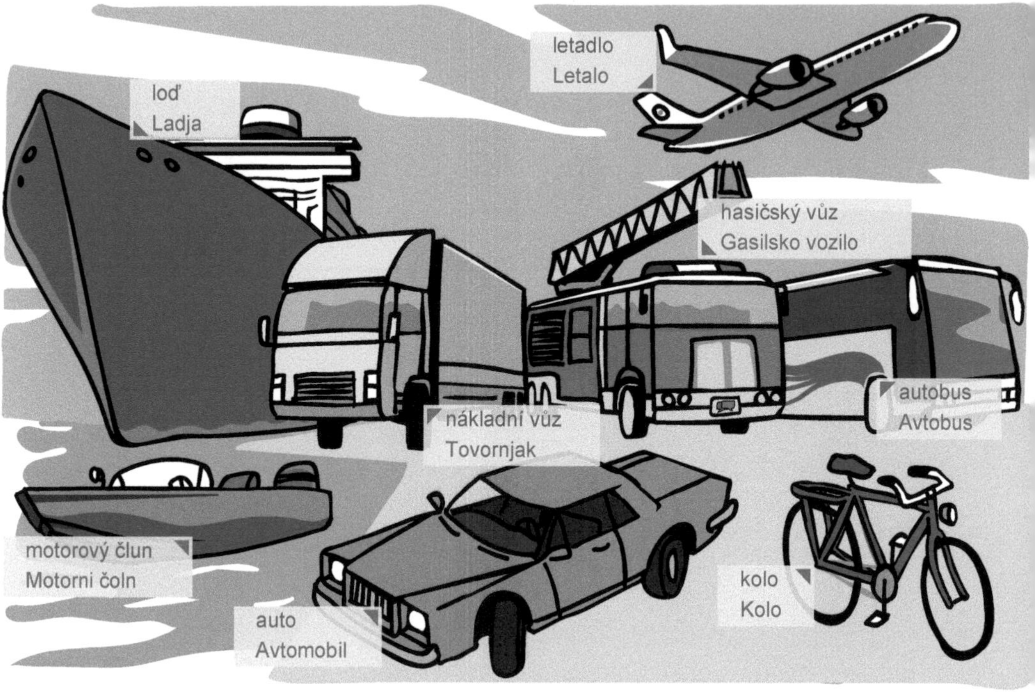

letadlo
Letalo
loď
Ladja
hasičský vůz
Gasilsko vozilo
autobus
Avtobus
nákladní vůz
Tovornjak
motorový člun
Motorni čoln
kolo
Kolo
auto
Avtomobil

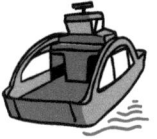

přívoz

Trajekt

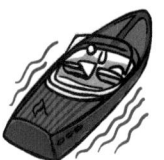

člun

Čoln

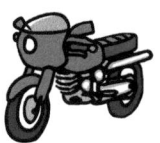

motorka

Motorno kolo

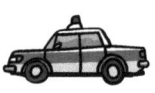

policejní auto

Policijski avto

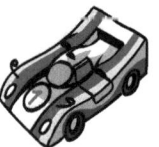

závodní auto

Dirkalni avto

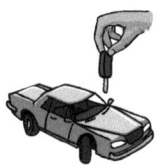

pronajaté auto

Najeto vozilo

sdílení aut

Souporaba avtomobila

odtahová služba

Avtovleka

popelářský vůz

Smetarsko vozilo

motor

Motor

palivo

Gorivo

čerpací stanice

Bencinska postaja

dopravní značka

Prometni znak

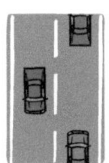

doprava

Promet

dopravní zácpa

Zastoj

parkoviště

Parkirišče

vlakové nádraží

Železniška postaja

koleje

Tirnice

vlak

Vlak

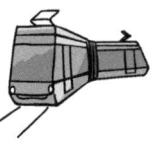

tramvaj

Tramvaj

vagón

Vagon

helikoptéra

Helikopter

letiště

Letališče

věž

Stolp

pasažér

Potnik

kontejner

Kontejner

kartón

Karton

trakař

Voziček

koš

Košara

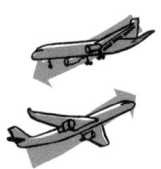

vzlétnout / přistát

vzleteti / pristati

město

Mesto

vesnice

Vas

střed města

Mestno jedro

dům

Hiša

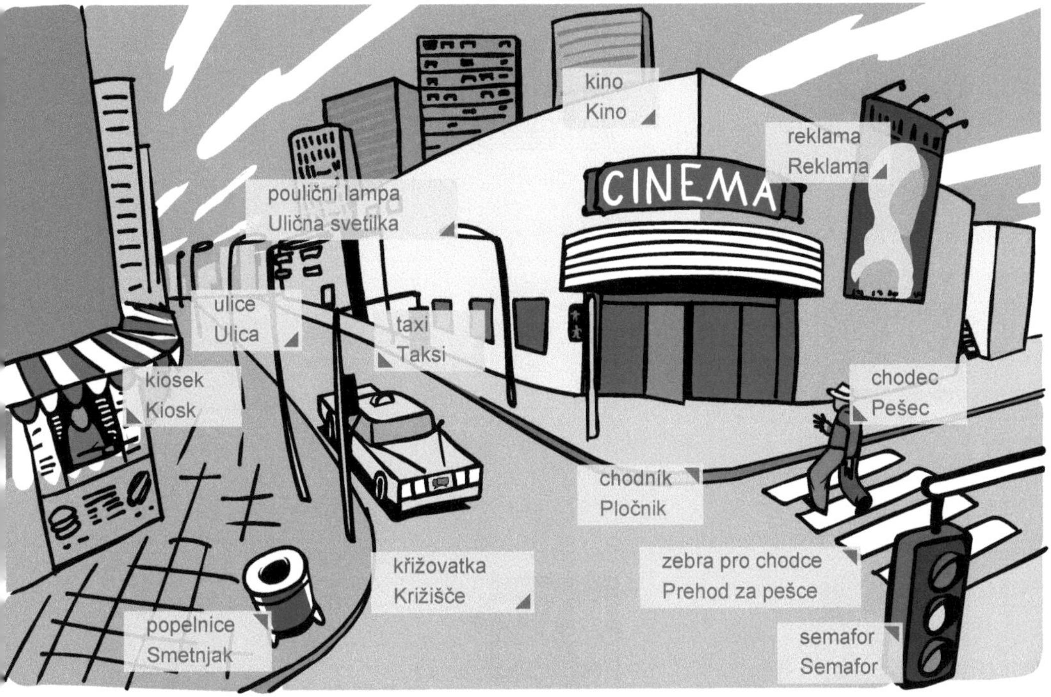

kino
Kino

reklama
Reklama

pouliční lampa
Ulična svetilka

ulice
Ulica

taxi
Taksi

kiosek
Kiosk

CINEMA

chodec
Pešec

chodník
Pločnik

křižovatka
Križišče

zebra pro chodce
Prehod za pešce

popelnice
Smetnjak

semafor
Semafor

chata

Koča

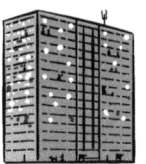

byt

Stanovanje

vlakové nádraží

Železniška postaja

radnice

Mestna hiša

muzeum

Muzej

škola

Šola

univerzita
Univerza

banka
Banka

nemocnice
Bolnišnica

hotel
Hotel

lékárna
Lekarna

kancelář
Pisarna

knihkupectví
Knjigarna

obchod
Trgovina

květinářství
Cvetličarna

supermarket
Supermarket

tržnice
Tržnica

obchodní dům
Veleblagovnica

rybárna
Ribarnica

nákupní centrum
Nakupovalno središče

přístav
Pristanišče

park

Park

lavička

Klop

most

Most

schody

Stopnice

metro

Podzemna železnica

tunel

Predor

autobusová zastávka

Avtobusno postajališče

bar

Bar

restaurace

Restavracija

poštovní schránka

Poštni nabiralnik

pouliční tabule

Ulična tabla

parkovací hodiny

Parkirna ura

zoo

Živalski vrt

plovárna

Kopališče

mešita

Mošeja

usedlost
Kmetija

znečišťování životního
prostředí
Onesnaževanje

hřbitov
Pokopališče

církev
Cerkev

hřiště
Otroško igrišče

chrám
Tempelj

krajina
Pokrajina

list
List

rozcestník
Kažipot

cesta
Pot

louka
Travnik

kámen
Kamen

strom
Drevo

turista
Pohodnik

řeka
Reka

tráva
Trava

květina
Cvetlica

údolí
Dolina

hora
Hrib

jezero
Jezero

les
Gozd

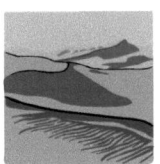

poušť
Puščava

sopka
Vulkan

zámek
Grad

duha
Mavrica

houba
Goba

palma
Palma

komár
Komar

moucha
Muha

mravenec
Mravlja

včela
Čebela

pavouk
Pajek

brouk

Hrošč

žába

Žaba

veverka

Veverica

ježek

Jež

zajíc

Zajec

sova

Sova

pták

Ptič

labuť

Labod

divoké prase

Divji prašič

jelen

Jelen

los

Los

přehrada

Jez

větrné kolo

Vetrnica

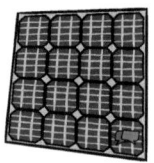

solární panel

Solarna plošča

podnebí

Podnebje

restaurace
Restavracija

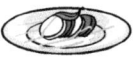

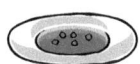

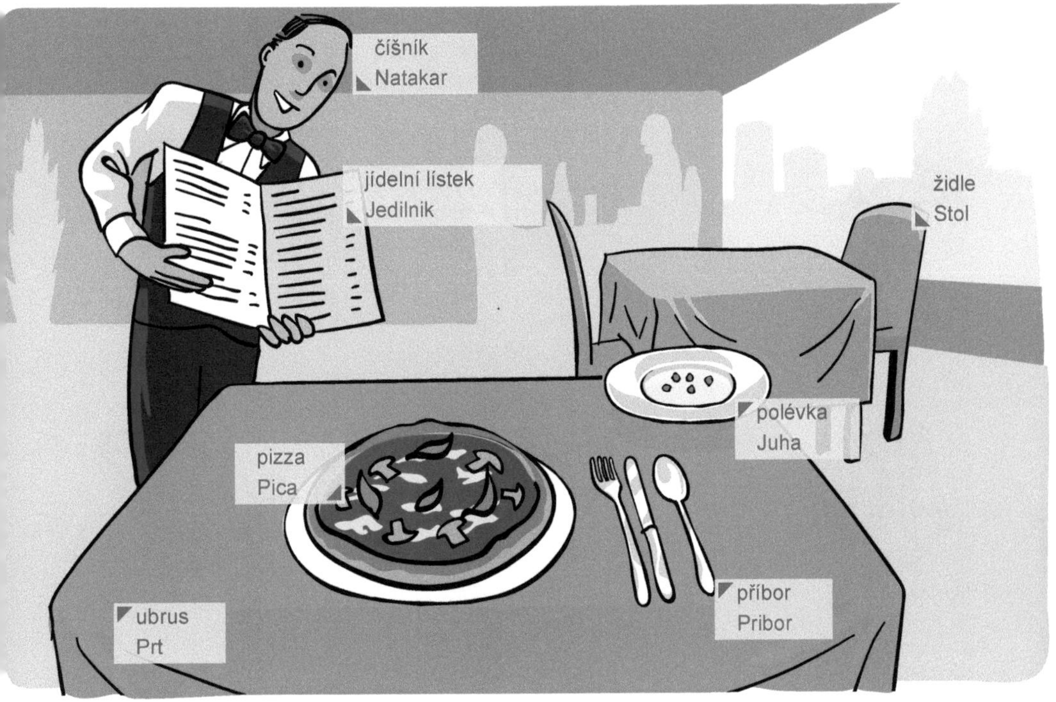

číšník
Natakar
jídelní lístek
Jedilnik
židle
Stol
polévka
Juha
pizza
Pica
příbor
Pribor
ubrus
Prt

předkrm

Predjed

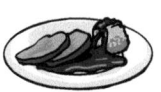

hlavní chod

Glavna jed

dezert

Sladica

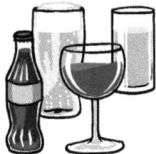

nápoje

Pijače

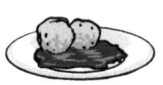

jídlo

Hrana

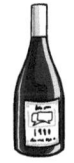

láhev

Steklenica

rychlé občerstvení

Hitra hrana

pouliční občerstvení

Ulična hrana

čajová konvice

Čajnik

cukřenka

Sladkornica

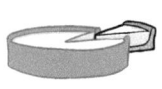

porce

Porcija

kávovar na espresso

Aparat za espresso

dětská stolička

Stolček za hranjenje

faktura

Račun

tác

Pladenj

nůž

Nož

vidlička

Vilica

lžíce

Žlica

čajová lyžička

Čajna žlička

ubrousek

Servieta

sklenička

Kozarec

talíř	talíř na polévku	podšálek
Krožnik	Globoki krožnik	Krožniček

omáčka	slánka	mlýnek na pepř
Omaka	Solnica	Mlinček za poper
		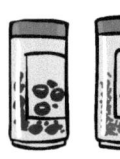
ocet	olej	koření
Kis	Olje	Začimbe

kečup	hořčice	majonéza
Kečap	Gorčica	Majoneza

supermarket
Supermarket

nabídka
Posebna ponudba
FOR
zákazník
Stranka
mléčné výrobky
Mlečni izdelki
ovoce
Sadje
nákupní vozík
Nakupovalni voziček

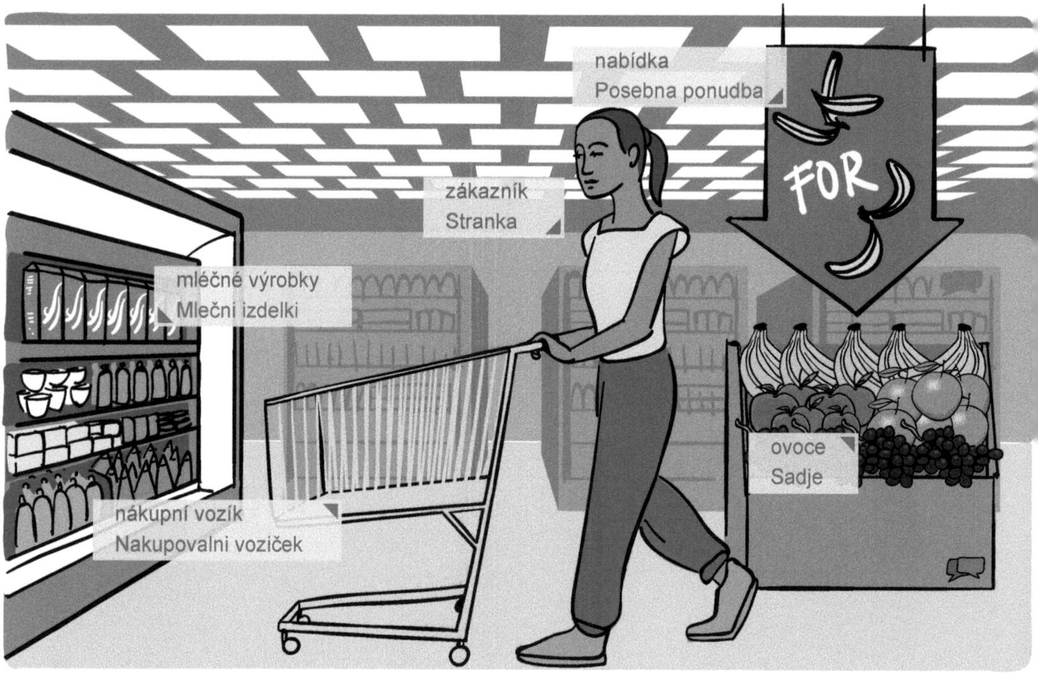

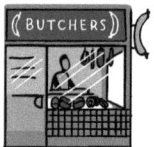

BUTCHERS

masna

Mesnica

BAKERY

pekařství

Pekarna

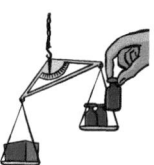

vážit

Tehtati

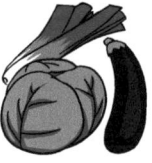

zelenina

Zelenjava

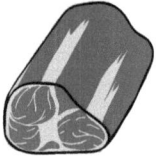

maso

Meso

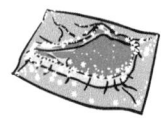

mražené potraviny

Zamrznjena hrana

obložený talíř

Hladne mesnine

konzervy

Konzerve

prací prášek

Pralni prašek

cukrovinky

Sladkarije

výrobky pro domácnost

Gospodinjski izdelki

čisticí prostředek

Čistilno sredstvo

prodavačka

Prodajalka

pokladna

Blagajna

pokladní

Blagajnik

nákupní seznam

Nakupovalni seznam

otevírací doba

Delovni čas

peněženka

Denarnica

kreditní karta

Kreditna kartica

taška

Torba

igelitová taška

Plastična vrečka

voda

Voda

džus

Sok

mléko

Mleko

kola

Kola

víno

Vino

pivo

Pivo

alkohol

Alkohol

kakao

Kakav

čaj

Čaj

káva

Kava

espresso

Espresso

kapučíno

Kapučino

banán

Banana

jablko

Jabolko

pomeranč

Pomaranča

meloun

Lubenica

citrón

Limona

mrkev

Korenje

česnek

Česen

bambus

Bambus

cibule

Čebula

houba

Goba

ořechy

Oreščki

těstoviny

Rezanci

špageti
Špageti

rýže
Riž

salát
Solata

hranolky
Ocvrt krompirček

americké brambory
Pečen krompir

pizza
Pica

hamburger
Hamburger

sendvič
Sendvič

řízek
Zrezek

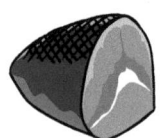

šunka
Šunka

salám
Salama

salám
Klobasa

kuře
Piščanec

pečeně
Pečenka

ryby
Riba

ovesné vločky

Ovseni kosmiči

müsli

Musli

vločky

Koruzni kosmiči

mouka

Moka

croissant

Rogljiček

houska

Žemlja

chléb

Kruh

toast

Prepečenec

sušenky

Piškoti

máslo

Maslo

tvaroh

Skuta

buchta

Torta

vejce

Jajce

volské oko

Pečeno jajce na oko

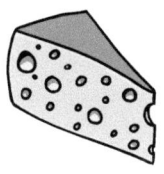

sýr

Sir

zmrzlina

Sladoled

cukr

Sladkor

med

Med

marmeláda

Marmelada

nugátový krém

Čokoladni namaz

kari

Kari

usedlost
Kmetija

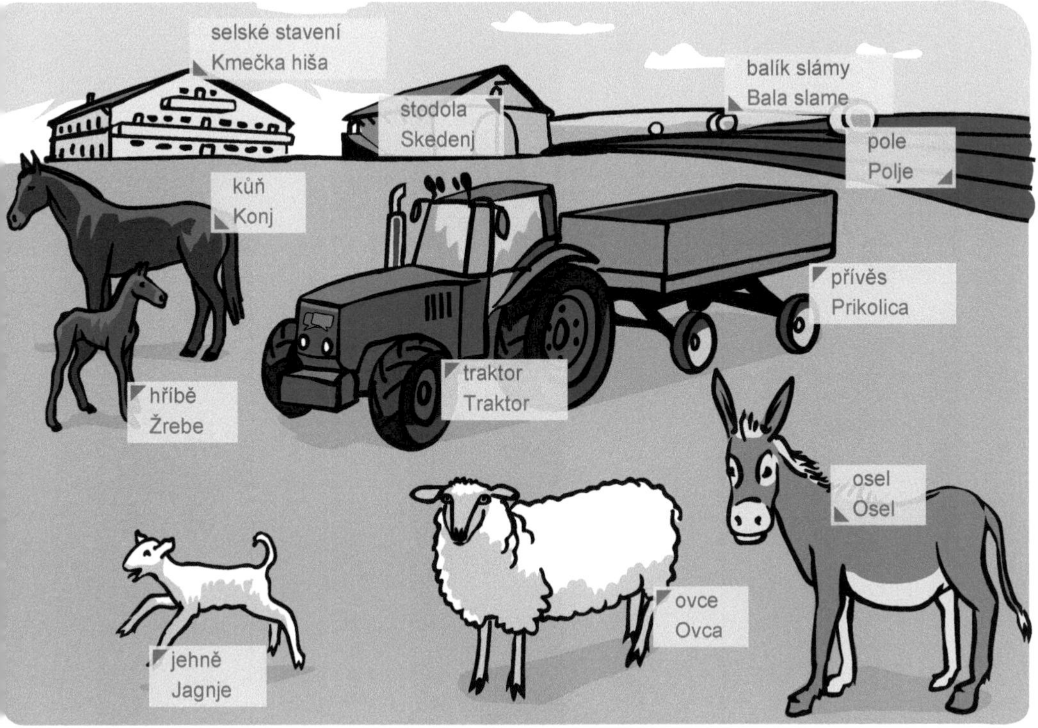

selské stavení
Kmečka hiša
stodola
Skedenj
balík slámy
Bala slame
pole
Polje
kůň
Konj
přívěs
Prikolica
traktor
Traktor
hříbě
Žrebe
osel
Osel
ovce
Ovca
jehně
Jagnje

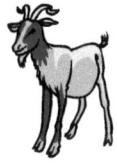

koza
Koza

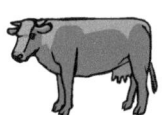

kráva
Krava

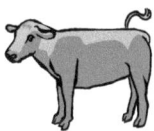

tele
Tele

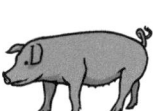

prase
Prašič

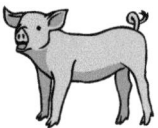

sele
Pujsek

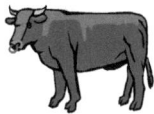

býk
Bik

husa

Gos

kachna

Raca

kuře

Piščanec

slepice

Kokoš

kohout

Petelin

krysa

Podgana

kočka

Mačka

myš

Miš

vůl

Vol

pes

Pes

psí bouda

Pasja uta

zahradní hadice

Cev za zalivanje

kropicí konev

Kangla za zalivanje

kosa

Kosa

pluh

Plug

srp

Srp

motyka

Motika

vidle

Vile

sekera

Sekira

kolecko

Samokolnica

koryto

Korito

konev na mléko

Kangla za mleko

pytel

Vreča

plot

Ograja

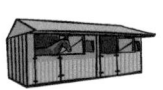

stáj

Hlev

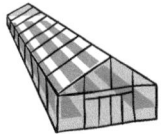

skleník

Rastlinjak

půda

Prst

osivo

Seme

hnojivo

Gnojilo

kombajn

Kombajn

sklidit

Žeti

sklizeň

Žetev

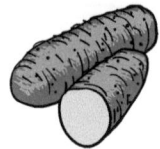

smldinec

Jam

pšenice

Pšenica

sója

Soja

brambora

Krompir

kukuřice

Koruza

řepka

Oljna ogrščica

ovocný strom

Sadno drevo

maniok

Maniok

obilí

Žito

dům
Hiša

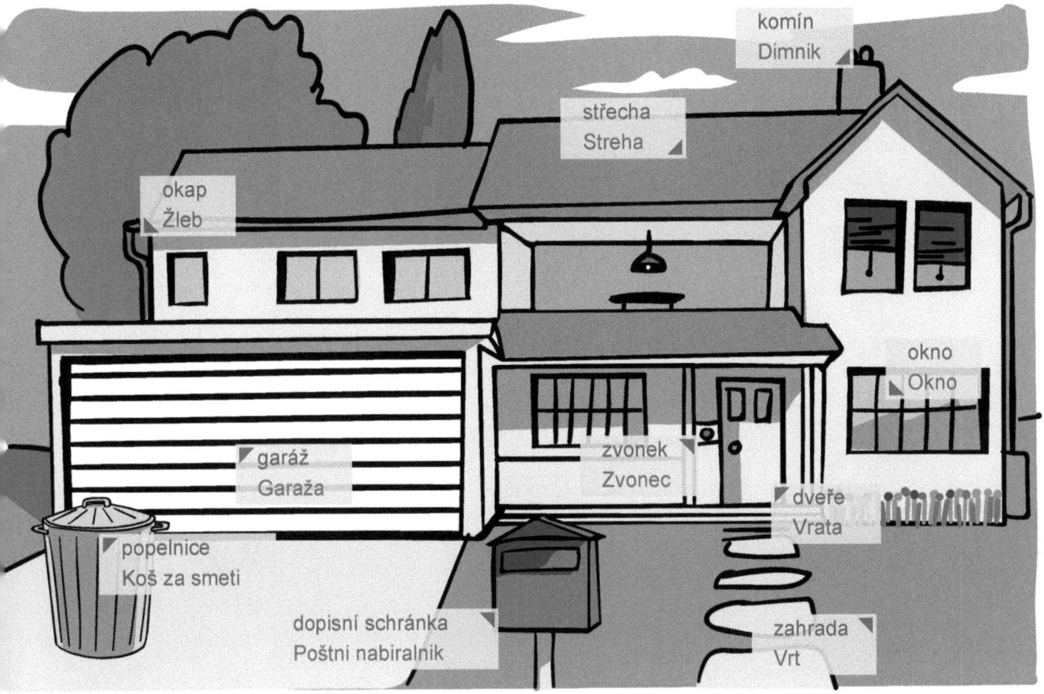

komín
Dimnik
střecha
Streha
okap
Žleb
okno
Okno
garáž
Garaža
zvonek
Zvonec
dveře
Vrata
popelnice
Koš za smeti
dopisní schránka
Poštni nabiralnik
zahrada
Vrt

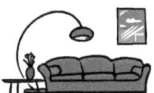

obývací pokoj

Dnevna soba

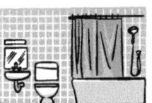

koupelna

Kopalnica

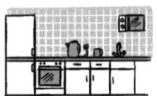

kuchyně

Kuhinja

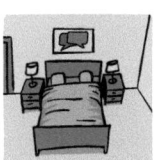

ložnice

Spalnica

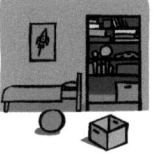

dětský pokoj

Otroška soba

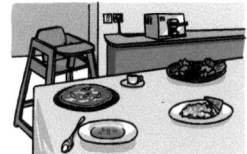

jídelna

Jedilnica

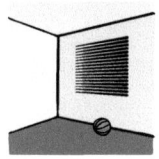

podlaha
....
Tla

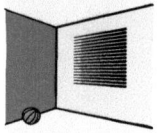

zeď
....
Stena

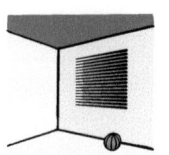

deka
....
Strop

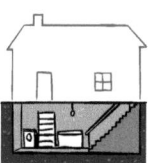

sklep
....
Klet

sauna
....
Savna

balkón
....
Balkon

terasa
....
Terasa

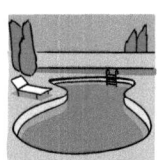

bazén
....
Bazen

sekačka na trávu
....
Kosilnica

ložní prádlo
....
Rjuha

lůžková přikrývka
....
Posteljno pregrinjalo

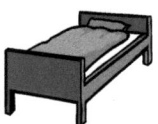

postel
....
Postelja

smeták
....
Metla

kýbl
....
Vedro

vypínač
....
Stikalo

obývací pokoj
Dnevna soba

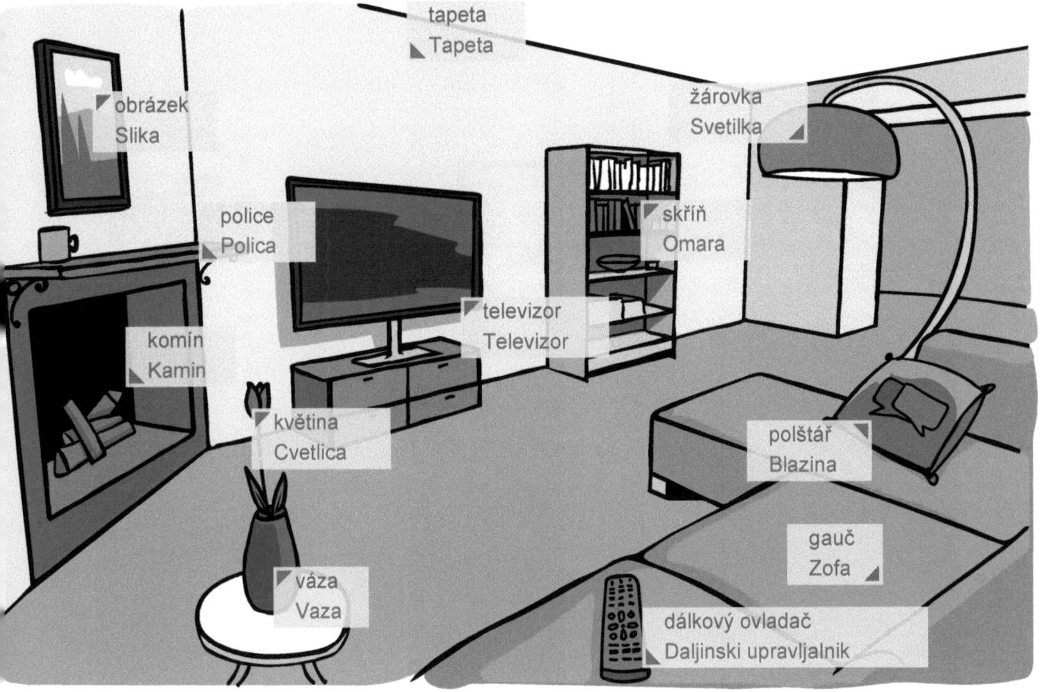
tapeta
Tapeta
obrázek
Slika
žárovka
Svetilka
police
Polica
skříň
Omara
televizor
Televizor
komín
Kamin
květina
Cvetlica
polštář
Blazina
gauč
Zofa
váza
Vaza
dálkový ovladač
Daljinski upravljalnik

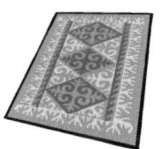

koberec

Preproga

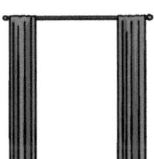

závěs

Zavesa

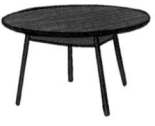

stůl

Miza

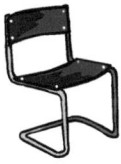

židle

Stol

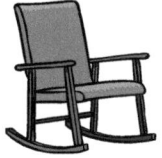

houpací křeslo

Gugalnik

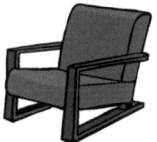

křeslo

Naslanjač

kniha

Knjiga

strop

Odeja

ozdoba

Dekoracija

palivové dříví

Drva

film

Film

stereo souprava

Glasbeni stolp

klíč

Ključ

noviny

Časopis

malba

Slika

plakát

Plakat

rádio

Radio

poznámkový blok

Beležka

vysavač

Sesalnik

kaktus

Kaktus

svíce

Sveča

kuchyně
Kuhinja

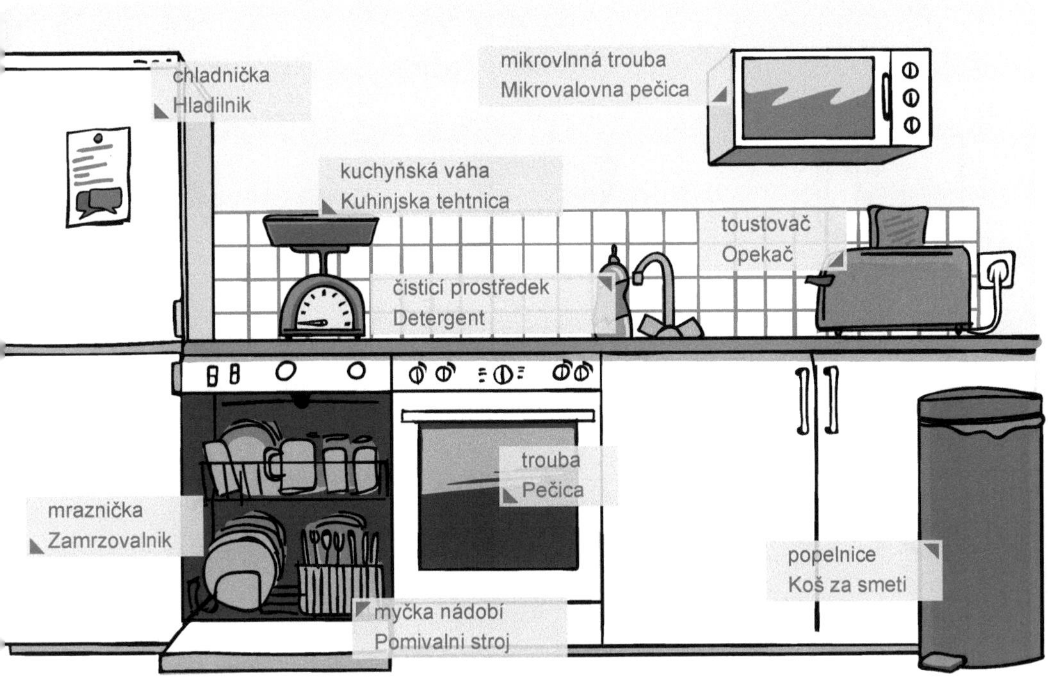

chladnička
Hladilnik
mikrovlnná trouba
Mikrovalovna pečica
kuchyňská váha
Kuhinjska tehtnica
toustovač
Opekač
čisticí prostředek
Detergent
trouba
Pečica
mraznička
Zamrzovalnik
popelnice
Koš za smeti
myčka nádobí
Pomivalni stroj

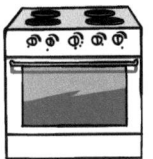

sporák

Kozica

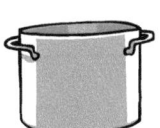

hrnec

Lonec

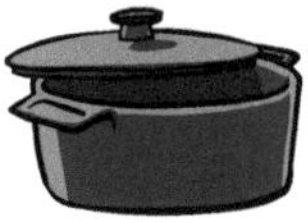

litinový hrnec

Litoželezni lonec

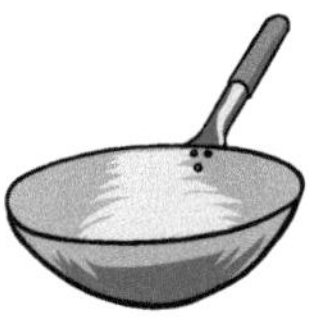

wok / kadai

Vok / kadai

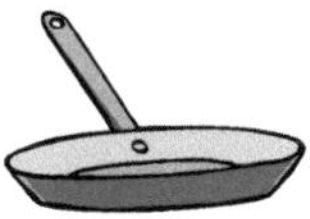

pánev

Ponev

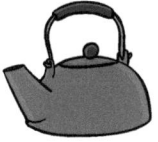

varná konvice

Kotliček

parní hrnec

Parni kuhalnik

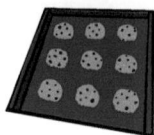

plech na pečení

Pekač

nádobí

Posoda

hrnek

Skodelica

miska

Skleda

jídelní hůlky

Jedilne paličice

naběračka

Zajemalka

obracečka

Lopatica

metla

Metlica

síto

Cedilnik

cedník

Cedilo

struhadlo

Strgalo

hmoždíř

Možnar

gril

Žar

ohniště

Ognjišče

prkénko na krájení

Deska za rezanje

váleček na těsto

Valjar

vývrtka

Odpirač za steklenice

dóza

Pločevinka

otvírák na konzervy

Odpirač za konzerve

chňapka

Prijemalka za posodo

umyvadlo

Korito

kartáč na nádobí

Ščetka

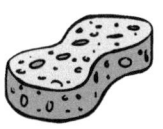

houba

Goba

mixér

Mešalnik

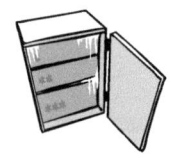

mrazák

Zamrzovalna skrinja

dětská lahev

Steklenička

kohoutek

Pipa

koupelna
Kopalnica

topení
Ogrevanje
ručník
Brisača
sprcha
Prha
sprchový závěs
Zavesa za prho
pěnová koupel
Peneča kopel
vana
Kopalna kad
sklenička
Kozarec
pračka
Pralni stroj
kohoutek
Pipa
obkladačky
Ploščice
nočník
Kahlica
umyvadlo
Korito

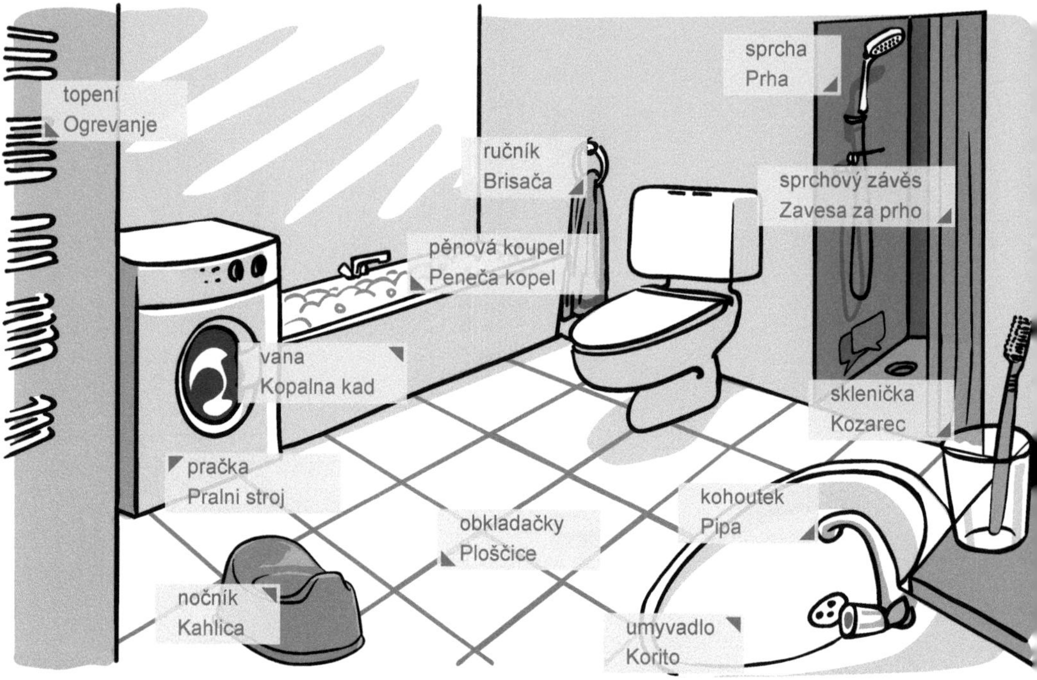

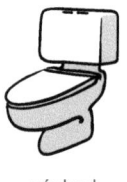

záchod

Stranišče

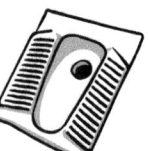

turecký záchod

Stranišče na počep

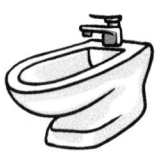

bidet

Bide

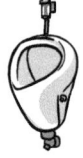

pisoár

Pisoar

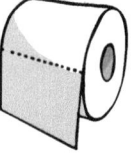

toaletní papír

Toaletni papir

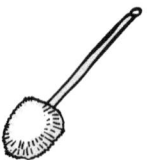

záchodová štětka

Ščetka za straniščno školjko

zubní kartáček

Zobna ščetka

zubní pasta

Zobna pasta

zubní niť

Zobna nitka

mýt

Umiti se

ruční sprcha

Ročna prha

intimní sprcha

Prha za intimne dele

umyvadlo

Umivalnik

kartáč na záda

Krtača za hrbet

mýdlo

Milo

sprchový gel

Gel za prhanje

šampón

Šampon

žínka

Krpica za miljenje

odpad

Odtok

krém

Krema

deodorant

Deodorant

zrcadlo

Ogledalo

kosmetické zrcátko

Ročno ogledalo

holicí strojek

Britvica

pěna na holení

Pena za britje

voda po holení

Vodica po britju

hřeben

Glavnik

kartáč

Ščetka

fén

Sušilnik za lase

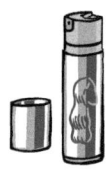

lak na vlasy

Lak za lase

makeup

Ličila

rtěnka

Šminka

lak na nehty

Lak za nohte

vata

Vatirane blazinice

nůžky na nehty

Škarjice za nohte

parfém

Parfum

taška s toaletními potřebami
....
Toaletna torbica

stolička
....
Stol brez naslonjala

váha
....
Osebna tehtnica

župan
....
Kopalni plašč

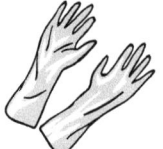

gumové rukavice
....
Gumijaste rokavice

tampón
....
Tampon

dámská vložka
....
Damski vložki

chemická toaleta
....
Kemično stranišče

dětský pokoj
Otroška soba

budík
Budilka
plyšová hračka
Plišasta igrača
autíčko
Avtomobilček
chrastítko
Ropotuljica
domeček pro panenky
Hiška za punčke
dárek
Darilo

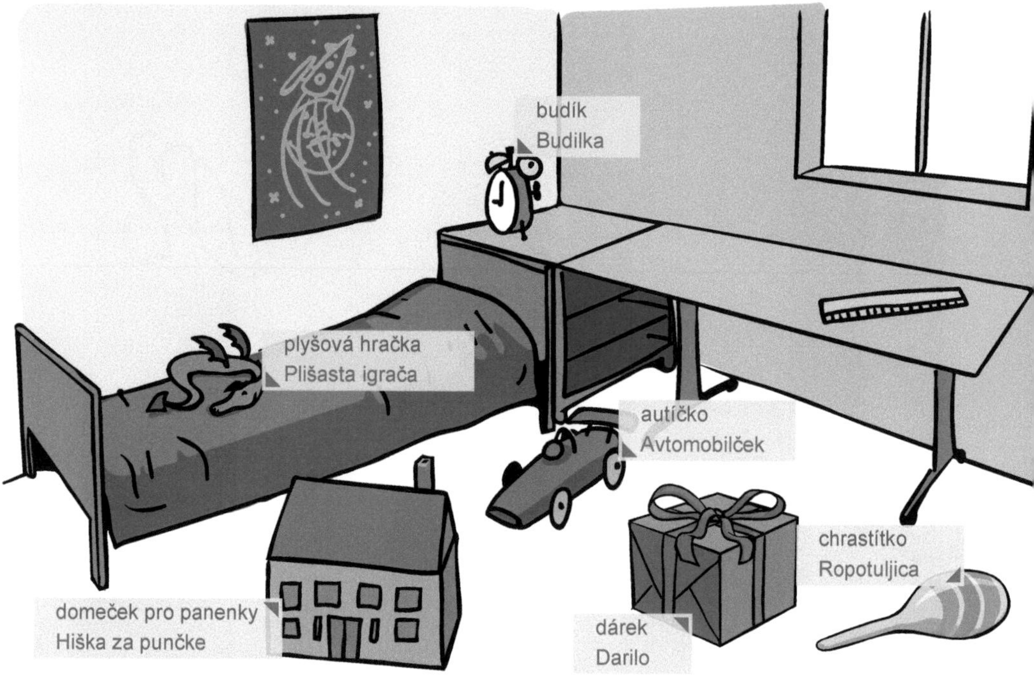

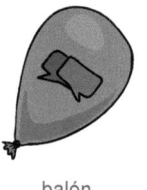

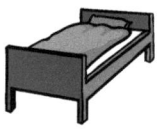

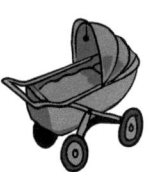

balón
Balon

postel
Postelja

kočárek
Otroški voziček

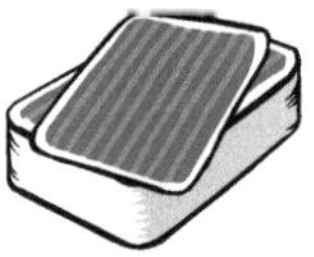

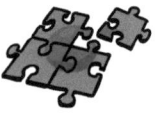

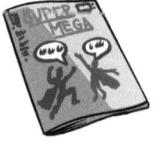

balíček karet
Igralne karte

puzzle
Sestavljanka

SUPER
MEGA

komiks
Strip

lego kostky

Lego kocke

stavebnice

Igralne kocke

akční figurka

Akcijska figura

dupačky

Bodi

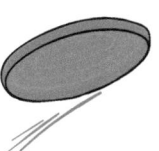

frisbee

Frizbi

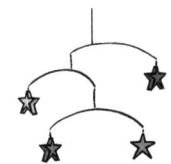

závěsné hračky nad
postýlku
Vrtiljak za posteljico

desková hra

Namizna igra

kostky

Kocka

modelová železnice

Komplet modelov vlakov

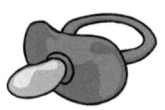

dudlík

Duda

oslava

Zabava

obrázková kniha

Slikanica

míč

Žoga

panenka

Lutka

hrát si

Igrati se

pískoviště

Peskovnik

houpačka

Gugalnica

hračky

Igrače

hrací konzole

Igralna konzola

tříkolka

Tricikel

medvídek

Plišasti medvedek

šatník

Garderoba

oblečení
Oblačilo

ponožky

Nogavice

punčochy

Samostoječe nogavice

punčochové kalhoty

Hlačne nogavice

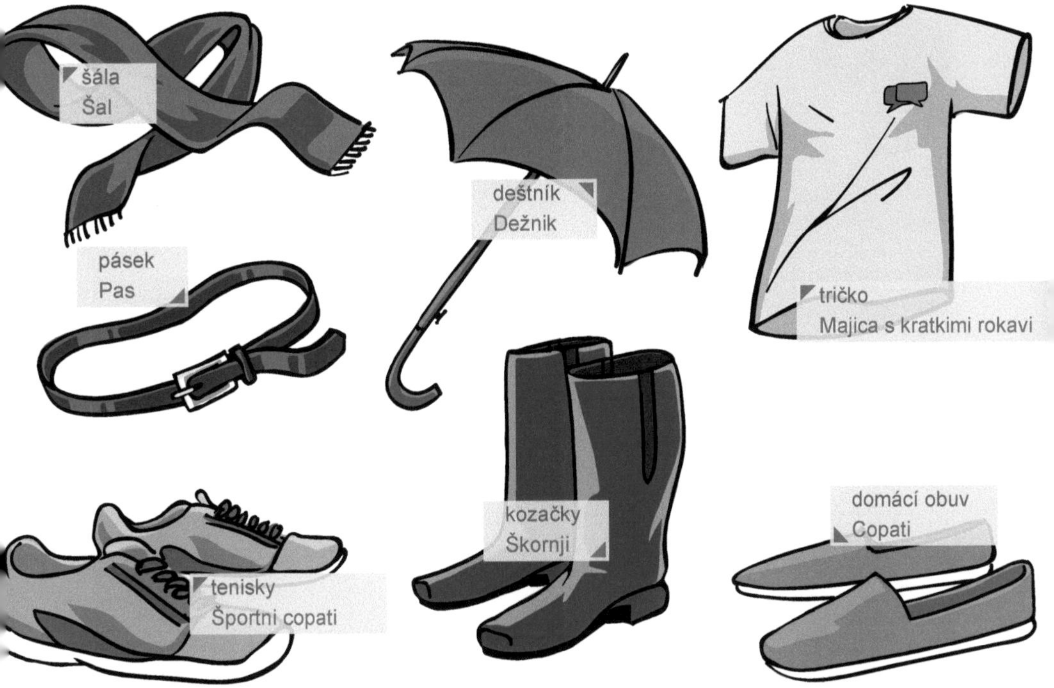

šála
Šal

pásek
Pas

deštník
Dežnik

tričko
Majica s kratkimi rokavi

kozačky
Škornji

domácí obuv
Copati

tenisky
Športni copati

sandály
....
Sandali

obuv
....
Čevlji

holínky
....
Gumijasti škornji

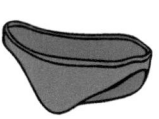

spodní prádlo
....
Spodnje hlače

podprsenka
....
Modrček

nátělník
....
Telovnik

oblečení - Oblačilo   45

body
Bodi

kalhoty
Hlače

džíny
Kavbojke

sukně
Krilo

blůza
Bluza

košile
Srajca

svetr
Pulover

mikina
Pletena jopica

blejzr
Jopa

bunda
Jakna

kabát
Plašč

pláštěnka
Dežni plašč

kostým
Kostim

šaty
Obleka

svatební šaty
Poročna obleka

oblek
....
Obleka

noční košile
....
Spalna srajca

pyžamo
....
Pižama

sárí
....
Sari

šátek na hlavu
....
Naglavna ruta

turban
....
Turban

burka
....
Burka

kaftan
....
Kaftan

abája
....
Abaja

plavky
....
Kopalke

pánské plavky
....
Kopalne hlače

kraťasy
....
Kratke hlače

teplákový souprava
....
Trenirka

zástěra
....
Predpasnik

rukavice
....
Rokavice

knoflík

Gumb

brýle

Očala

náramek

Zapestnica

náhrdelník

Verižica

prsten

Prstan

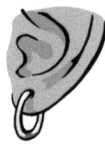

náušnice

Uhan

čepice

Kapa

ramínko

Obešalnik

klobouk

Klobuk

kravata

Kravata

zip

Zadrga

helma

Čelada

kšandy

Naramnice

školní uniforma

Šolska uniforma

uniforma

Uniforma

oblečení - Oblačilo

bryndák
....
Slinček

dudlík
....
Duda

plena
....
Plenica

kancelář
Pisarna

server
Strežnik

kartotéka
Kartotečna omara

tiskárna
Tiskalnik

monitor
Monitor

papír
Papir

psací stůl
Pisalna miza

myš
Miška

šanon
Mapa

klávesnice
Tipkovnica

odpadkový koš na papír
Koš za smeti

židle
Stol

počítač
Računalnik

hrnek na kávu
....
Lonček za kavo

kalkulačka
....
Kalkulator

internet
....
Internet

notebook

Prenosnik

dopis

Pismo

zpráva

Sporočilo

mobil

Mobilnik

síť

Omrežje

kopírka

Kopirni stroj

software

Programska oprema

telefon

Telefon

zásuvka

Vtičnica

fax

Telefaks

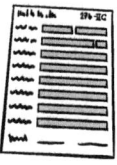

formulář

Obrazec

dokument

Dokument

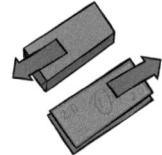

nakupovat
Kupiti

zaplatit
Plačati

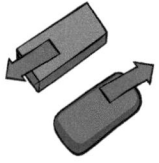

jednat
Trgovati

peníze
Denar

dolar
Dolar

euro
Evro

jen
Jen

rubl
Rubelj

frank
Švičarski frank

juan
Kitajski juan renminbi

rupie
Rupija

bankomat
Bankomat

směnárna

Menjalnica

zlato

Zlato

stříbro

Srebro

olej

Nafta

energie

Energija

cena

Cena

smlouva

Pogodba

daň

Davek

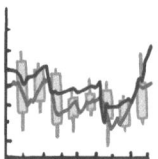

akcie

Delnice

pracovat

Delati

zaměstnanec

Delojemalec

zaměstnavatel

Delodajalec

továrna

Tovarna

obchod

Trgovina

povolání
Poklici

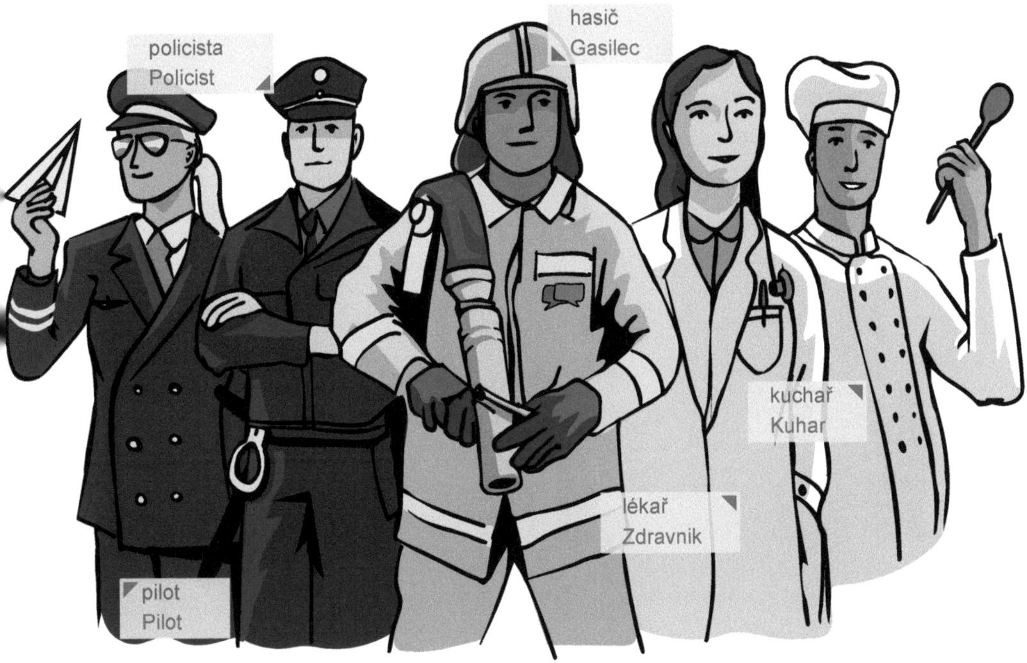

policista
Policist
hasič
Gasilec
kuchař
Kuhar
lékař
Zdravnik
pilot
Pilot

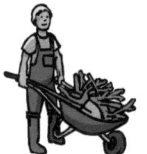

zahradník

Vrtnar

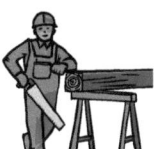

truhlář

Mizar

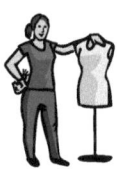

švadlena

Šivilja

soudce

Sodnik

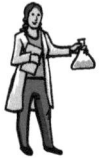

chemik

Kemik

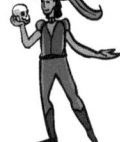

herec

Igralec

řidič autobusu

Voznik avtobusa

řidič taxi

Taksist

rybář

Ribič

uklízečka

Čistilka

pokrývač

Krovec

číšník

Natakar

myslivec

Lovec

malíř

Pleskar

pekař

Pek

elektrikář

Električar

stavební dělník

Gradbenik

inženýr

Inženir

řezník

Mesar

klempíř

Vodovodni inštalater

listonoš

Poštar

povolání - Poklici

voják

Vojak

architekt

Arhitekt

pokladní

Blagajnik

florista

Cvetličar

kadeřník

Frizer

průvodčí

Sprevodnik

mechanik

Mehanik

kapitán

Kapitan

zubař

Zobozdravnik

vědec

Znanstvenik

rabín

Rabin

imám

Imam

mnich

Menih

duchovní

Duhovnik

nářadí
Orodje

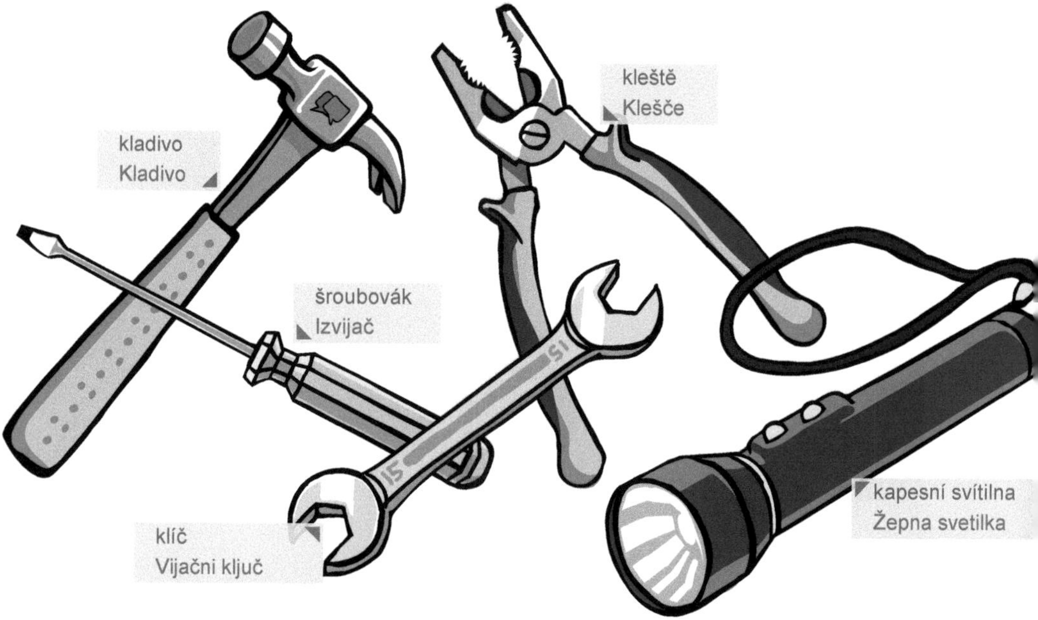
kladivo
Kladivo
kleště
Klešče
šroubovák
Izvijač
klíč
Vijačni ključ
kapesní svítilna
Žepna svetilka

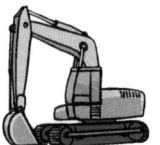

bagr

Bager

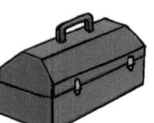

skříň na nářadí

Zaboj z orodjem

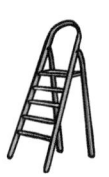

žebřík

Lestev

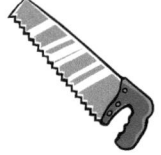

pila

Žaga

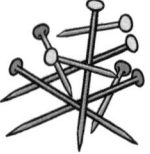

hřebíky

Žeblji

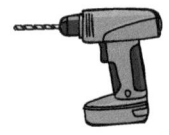

vrtačka

Vrtalnik

opravit

Popraviti

lopata

Lopata

Kurva!

Šment!

lopatka

Smetišnica

vědroé na barvu

Posoda z barvo

šrouby

Vijaki

hudební nástroje

Glasbeni instrument

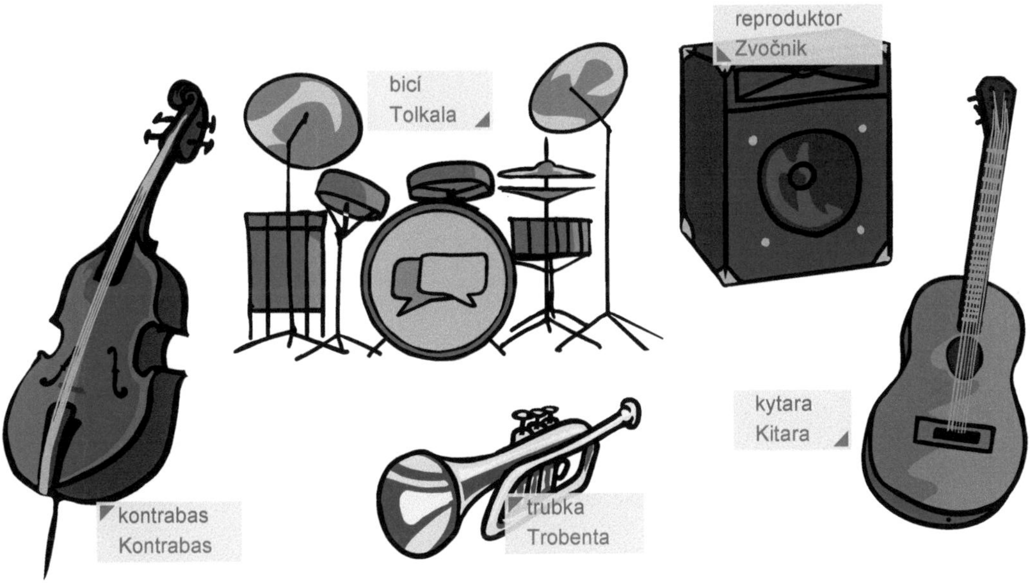

reproduktor
Zvočnik

bicí
Tolkala

kytara
Kitara

kontrabas
Kontrabas

trubka
Trobenta

klavír

Klavir

housle

Violina

basa

Bas kitara

tympán

Pavke

bubny

Bobni

keyboard

Sintetizator

saxofon

Saksofon

flétna

Flavta

mikrofon

Mikrofon

ZOO

Živalski vrt

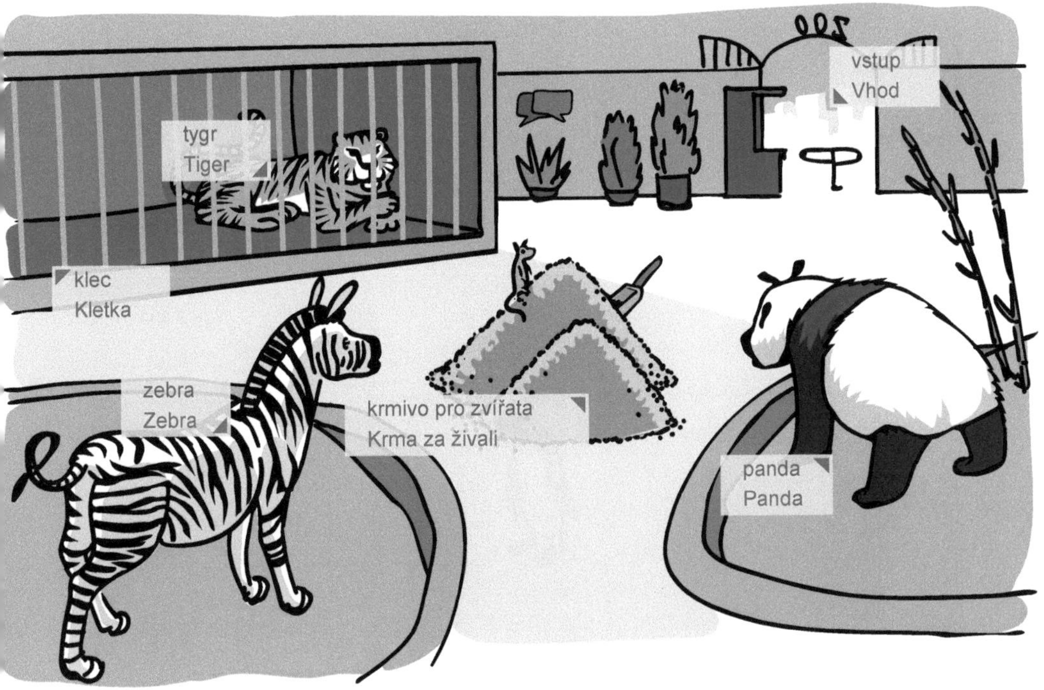
tygr
Tiger
vstup
Vhod
klec
Kletka
zebra
Zebra
krmivo pro zvířata
Krma za živali
panda
Panda

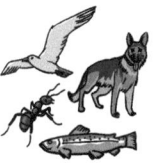

zvířata

Živali

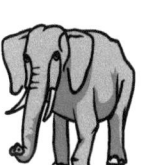

slon

Slon

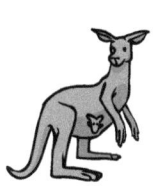

klokan

Kenguru

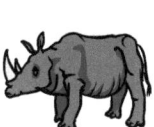

nosorožec

Nosorog

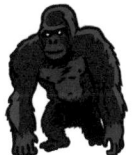

gorila

Gorila

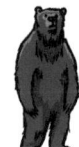

medvěd

Medved

velbloud

Kamela

pštros

Noj

lev

Lev

opice

Opica

plameňák

Plamenec

papoušek

Papagaj

lední medvěd

Severni medved

tučňák

Pingvin

žralok

Morski pes

páv

Pav

had

Kača

krokodýl

Krokodil

ošetřovatel zvířat

Oskrbnik v živalskem vrtu

tuleň

Tjulenj

jaguár

Jaguar

poník
Poni

leopard
Leopard

hroch
Povodni konj

žirafa
Žirafa

orel
Orel

divoké prase
Divji prašič

ryby
Riba

želva
Želva

mrož
Mrož

liška
Lisica

gazela
Gazela

americký fotbal
Ameriški nogomet

cyklistika
Kolesarjenje

tenis
Tenis

košíková
Košarka

plavání
Plavanje

box
Boks

lední hokej
Hokej

kopaná
Nogomet

badminton
Badminton

lehká atletika
Atletika

házená
Rokomet

běh na lyžích
Smučanje

vodní pólo
Polo

aktivity
Dejavnosti

skočit
Skočiti
objímat
Objeti
smát se
Smejati se
jít
Hoditi
zpívat
Peti
snít
Sanjati
modlit se
Moliti
políbit
Poljubiti

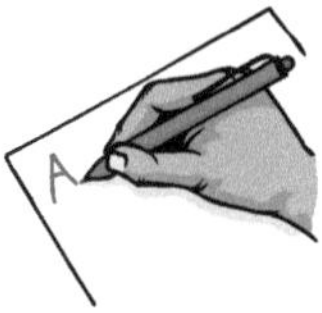

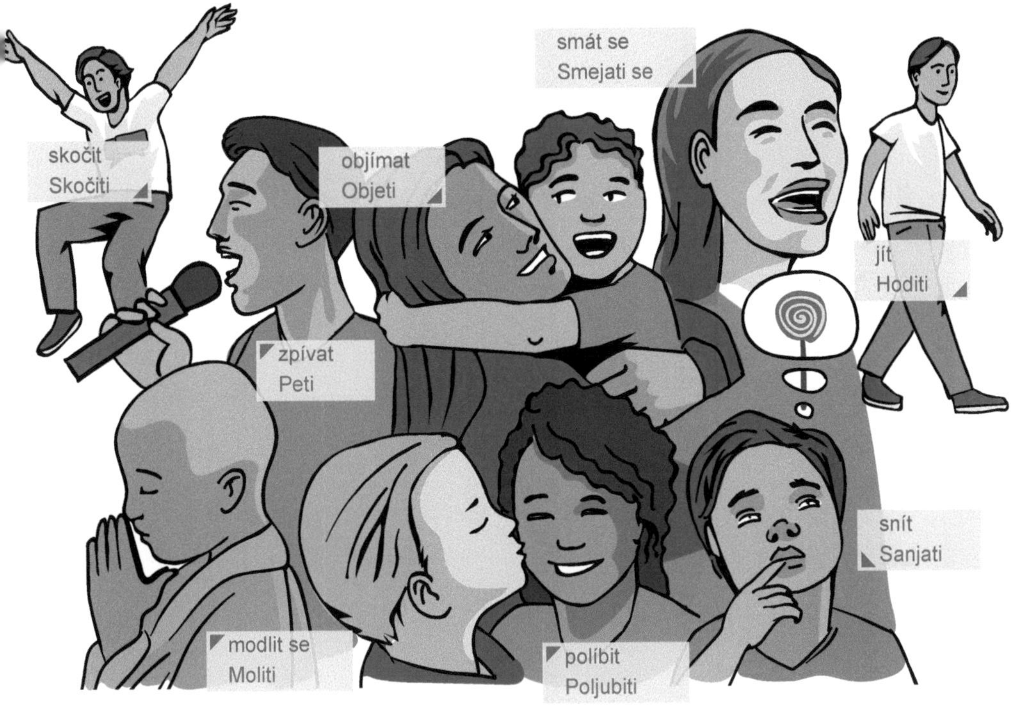

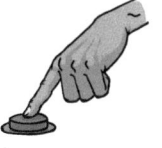

psát
Pisati

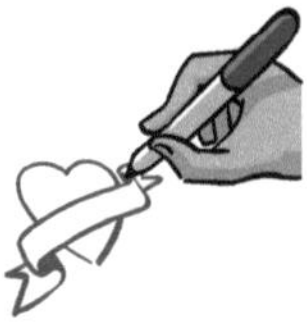

kreslit
Risati

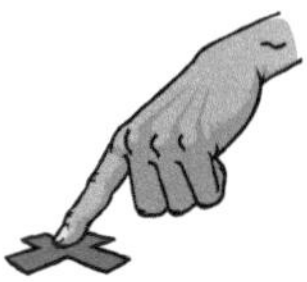

ukazovat
Pokazati

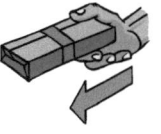

tlačit
Potisniti

dát
Dati

vzít si
Vzeti

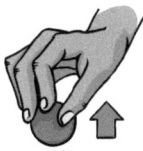

mít
Imeti

dělat
Narediti

být
Biti

stát
Stati

běhat
Teči

táhnout
Vleči

hodit
Vreči

padat
Pasti

ležet
Ležati

čekat
Čakati

nosit
Nositi

sedět
Sedeti

oblékat
Obleči se

spát
Spati

vzbudit se
Zbuditi se

prohlédnout si

Gledati

plakat

Jokati

pohladit

Božati

česat

Česati se

hovořit

Govoriti

rozumět

Razumeti

ptát se

Vprašati

slyšet

Poslušati

pít

Piti

jíst

Jesti

uklidit

Pospraviti

milovat

Ljubiti

vařit

Kuhati

jet

Voziti

letět

Leteti

plachtit

Jadrati

počítat

Računanje

číst

Brati

učit se

Učiti se

pracovat

Delati

vzít si

Poročiti se

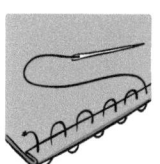

šít

Šivati

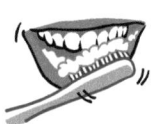

čistit si zuby

Ščetkati si zobe

zabít

Ubiti

kouřit

Kaditi

poslat

Poslati

rodina
Družina

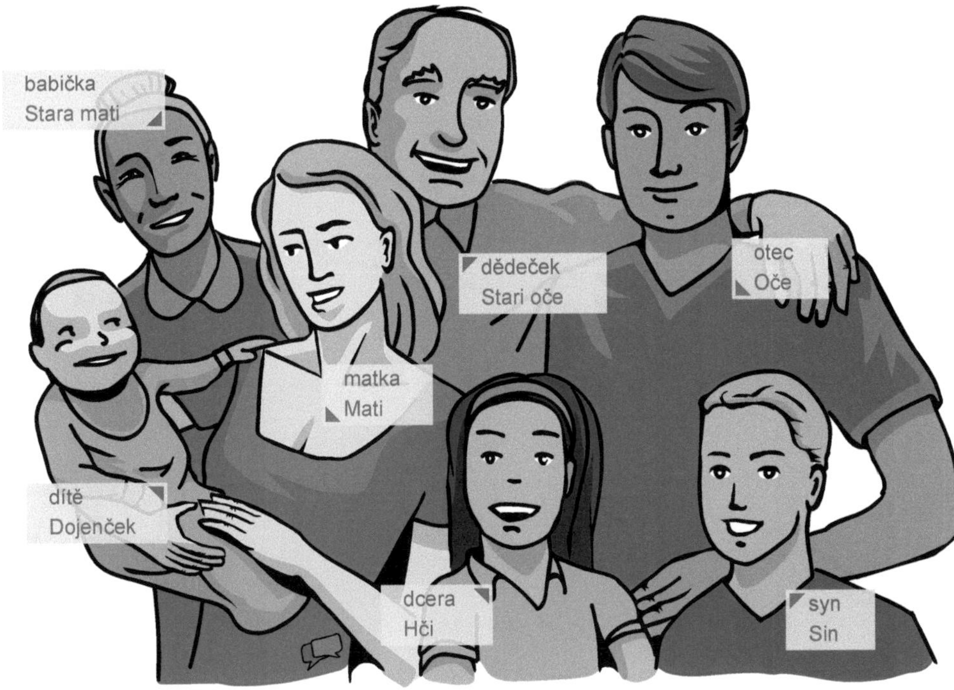

babička
Stara mati
dědeček
Stari oče
otec
Oče
matka
Mati
dítě
Dojenček
dcera
Hči
syn
Sin

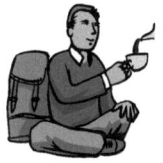

host

Gost

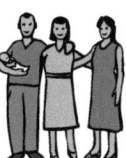

teta

Teta

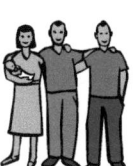

strýc

Stric

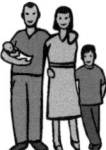

bratr

Brat

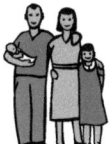

sestra

Sestra

tělo

Telo

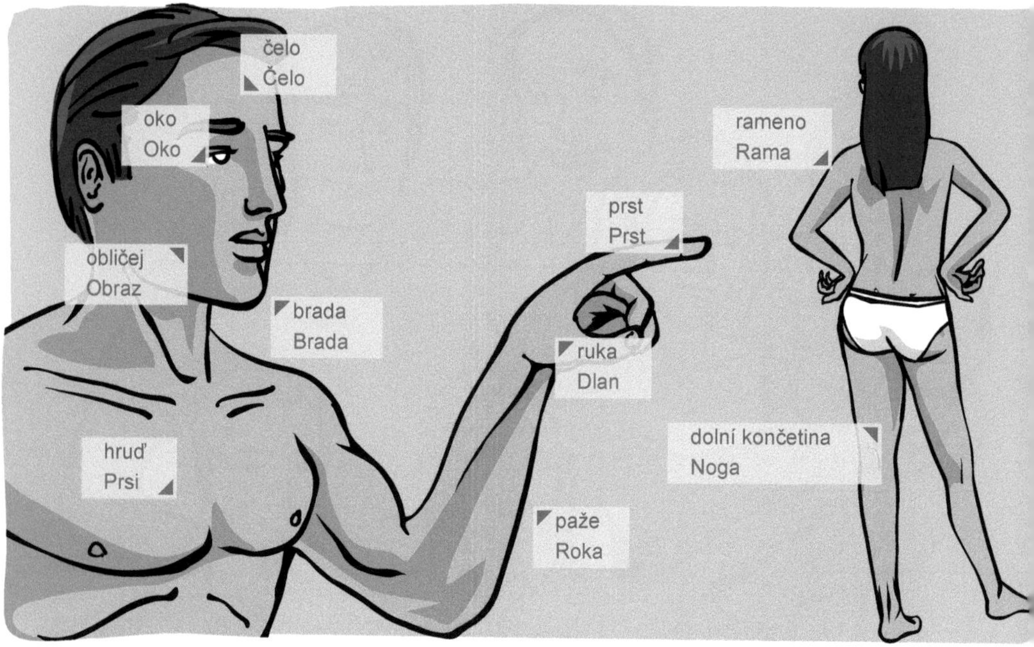

čelo
Čelo
oko
Oko
rameno
Rama
prst
Prst
obličej
Obraz
brada
Brada
ruka
Dlan
dolní končetina
Noga
hruď
Prsi
paže
Roka

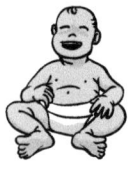

dítě
Dojenček

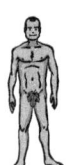

muž
Človek

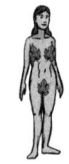

žena
Ženska

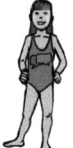

dívka
Dekle

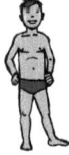

chlapec
Fant

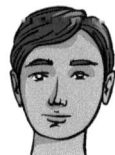

hlava
Glava

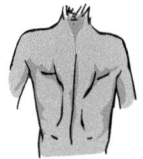

záda

Hrbet

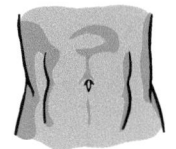

břicho

Trebuh

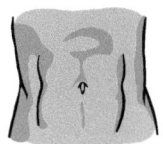

pupík

Popek

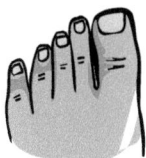

prst na noze

Prst na nogi

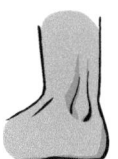

pata

Peta

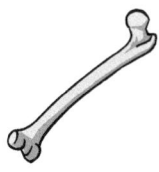

kost

Kost

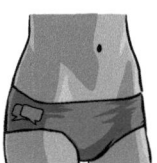

bok

Kolk

koleno

Koleno

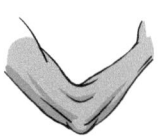

loket

Komolec

nos

Nos

zadek

Zadnjica

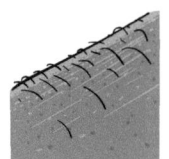

kůže

Koža

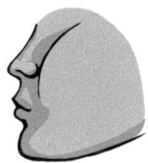

tvář

Lice

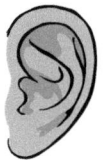

ucho

Uho

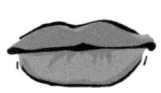

ret

Ustnica

úsa

Usta

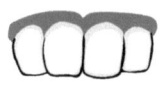

zub

Zob

jazyk

Jezik

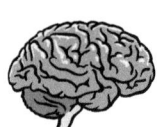

mozek

Možgani

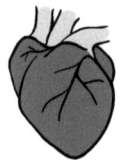

srdce

Srce

sval

Mišica

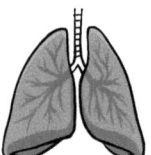

plíce

Pljuča

játra

Jetra

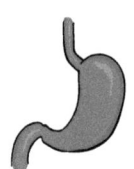

žaludek

Želodec

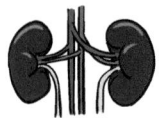

ledviny

Ledvice

pohlavní styk

Spolni odnos

kondom

Kondom

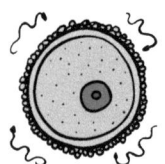

vajíčko

Jajčece

sperma

Semenska tekočina

těhotenství

Nosečnost

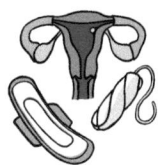

menstruace

Menstruacija

vagina

Vagina

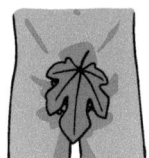

penis

Penis

obočí

Obrv

vlasy

Lasje

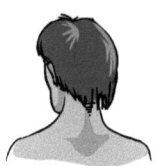

krk

Vrat

tělo - Telo

nemocnice
Bolnišnica

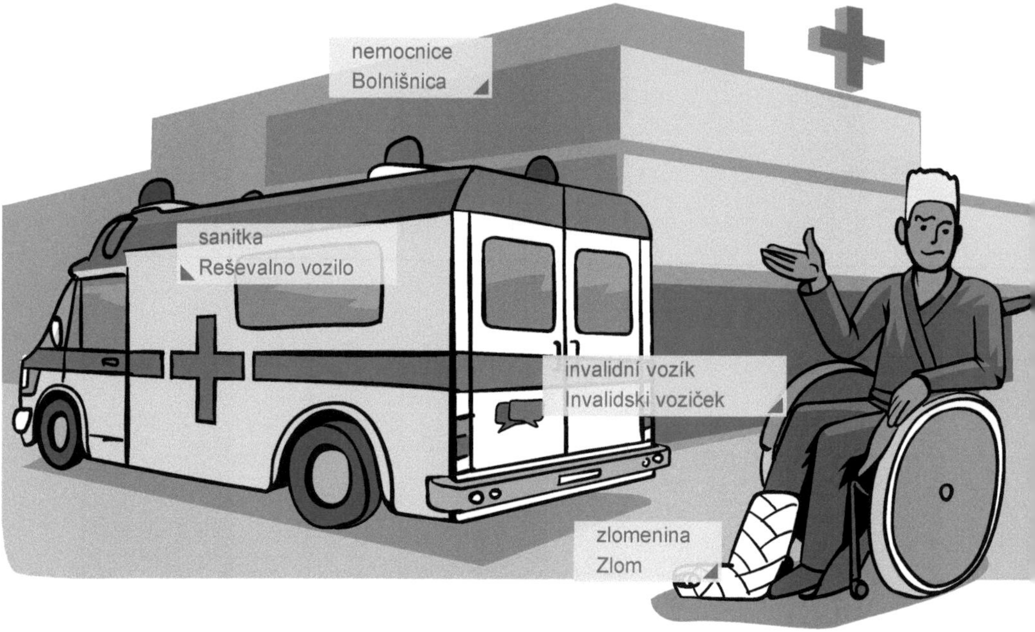

nemocnice
Bolnišnica
sanitka
Reševalno vozilo
invalidní vozík
Invalidski voziček
zlomenina
Zlom

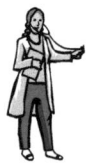

lékař

Zdravnik

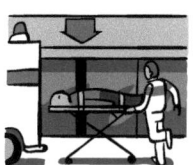

pohotovost

Urgenca

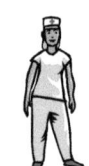

zdravotní sestra

Medicinska sestra

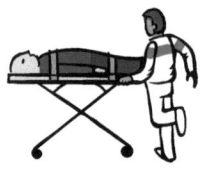

urgentní případ

Nujni primer

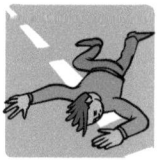

v bezvědomí

Nezavesten

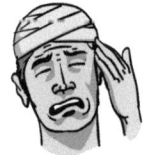

bolest

Bolečina

úraz

Poškodba

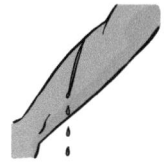

krvácení

Krvavenje

infarkt myokardu

Srčni infarkt

cévní mozková příhoda

Kap

alergie

Alergija

kašel

Kašelj

horečka

Vročina

chřipka

Gripa

průjem

Driska

bolest hlavy

Glavobol

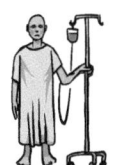

rakovina

Rak

cukrovka

Sladkorna bolezen

chirurg

Kirurg

skalpel

Skalpel

operace

Operacija

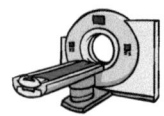

CT

CT

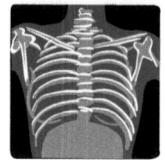

rentgen

Rentgen

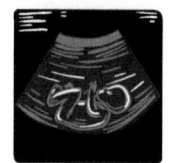

ultrazvuk

Ultrazvok

maska

Obrazna maska

nemoc

Bolezen

čekárna

Čakalnica

berle

Bergla

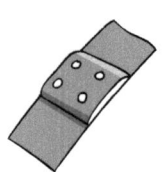

náplast

Obliž

obvaz

Preveza

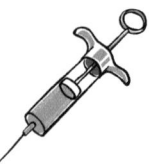

injekce

Injekcija

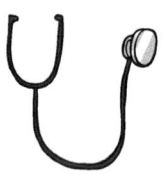

stetoskop

Stetoskop

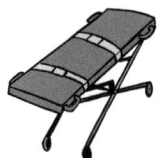

nosítka

Nosila

teploměr

Klinični termometer

porod

Porod

nadváha

Prekomerna teža

naslouchátko
Slušni pripomoček

dezinfekční prostředek
Razkužilo

infekce
Okužba

virus
Virus

HIV / AIDS
HIV / AIDS

lékařství
Medicina

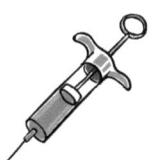

očkování
Cepljenje

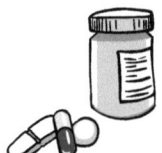

tablety
Tablete

pilulka
Tableta

tísňové volání
Klic v sili

tonometr
Merilnik krvnega tlaka

nemocný / zdravý
bolano / zdravo

Pomoc!

Na pomoč!

poplach

Alarm

přepadení

Napad

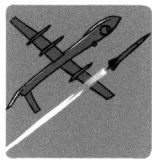

napadení

Napad

nebezpečí

Nevarnost

nouzový východ

Izhod v sili

Hoří!

Gori!

hasicí přístroj

Gasilni aparat

nehoda

Nezgoda

zdravotnická brašna

Komplet za prvo pomoč

SOS

SOS

policie

Policija

Evropa

Evropa

Severní Amerika

Severna Amerika

Jižní Amerika

Južna Amerika

Afrika

Afrika

Asie

Azija

Austrálie

Avstralija

Atlantik

Atlantski ocean

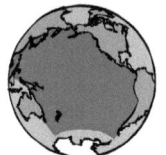

Pacifik

Tihi ocean

Indický oceán

Indijski ocean

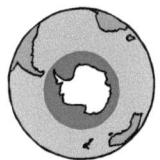

Jižní ledový oceán

Južni ocean

Severní ledový oceán

Arktični ocean

severní pól

Severni tečaj

jižní pól

Južni tečaj

Antarktida

Antarktika

země

Zemlja

pevnina

Kopno

moře

Morje

ostrov

Otok

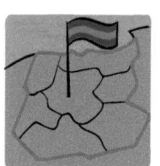

národ

Narod

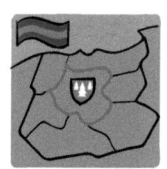

stát

Država

ciferník

Števílčnica

hodinová ručička

Urni kazalec

minutová ručička

Minutni kazalec

vteřinová ručička

Sekundni kazalec

Kolik je hodin?

Koliko je ura?

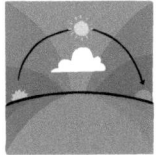

den

Dan

čas

Čas

teď

Zdaj

digitální hodinky

Digitalna ura

minuta

Minuta

hodina

Ura

týden
Teden

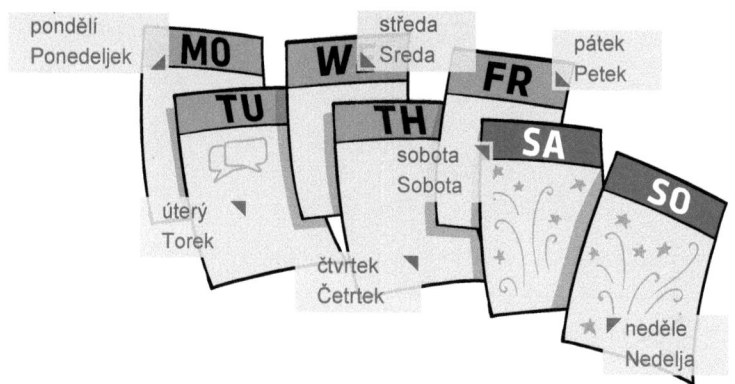

pondělí
Ponedeljek

středa
Sreda

pátek
Petek

úterý
Torek

sobota
Sobota

čtvrtek
Četrtek

neděle
Nedelja

včera
....
Včeraj

dnes
....
Danes

zítra
....
Jutri

ráno
....
Jutro

poledne
....
Poldne

večer
....
Večer

MO	TU	WE	TH	FR	SA	SU
1	2	3	4	5	6	7
8	9	10	11	12	13	14
15	16	17	18	19	20	21
22	23	24	25	26	27	28
29	30	31	1	2	3	4

pracovní dny
....
Delovni dnevi

MO	TU	WE	TH	FR	SA	SU
1	2	3	4	5	6	7
8	9	10	11	12	13	14
15	16	17	18	19	20	21
22	23	24	25	26	27	28
29	30	31	1	2	3	4

víkend
....
Konec tedna

rok
Leto

déšť
Dež
duha
Mavrica
vítr
Veter
sníh
Sneg
jaro
Pomlad
podzim
Jesen
léto
Poletje
zima
Zima

4.APRIL 11°
5.APRIL 4°
6.APRIL 13°
7.APRIL 8°
8.APRIL 10°

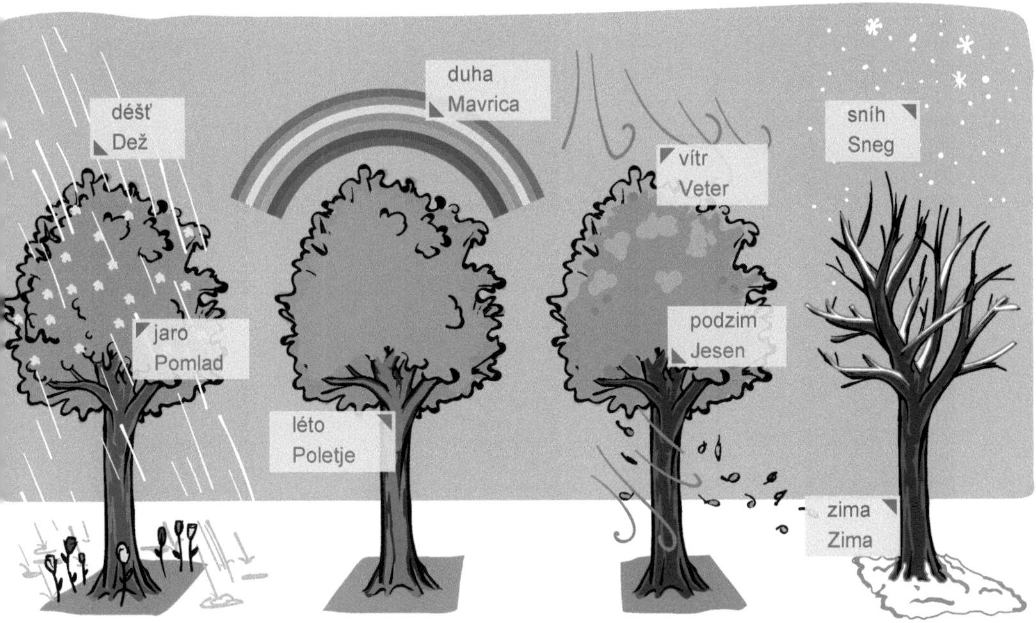

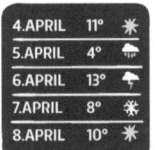

předpověď počasí

Vremenska napoved

F C
120 40
90 30
60 20
30 10
0 0
-30 -10
-20

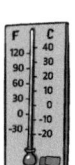

teploměr

Termometer

sluneční svit

Sončna svetloba

mrak

Oblak

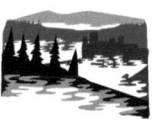

mlha

Megla

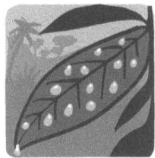

vlhkost

Vlažnost

blesk

Strela

hrom

Grom

bouřka

Nevihta

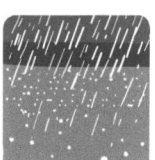

kroupy

Toča

monzun

Monsun

povodeň

Poplava

led

Led

leden

Januar

únor

Februar

březen

Marec

duben

April

květen

Maj

červen

Junij

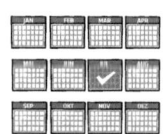

červenec

Julij

srpen

Avgust

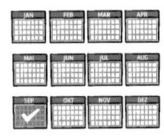

září
....
September

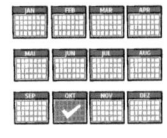

říjen
....
Oktober

listopad
....
November

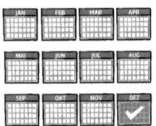

prosinec
....
December

tvary

Oblike

kruh
....
Krogla

čtverec
....
Kvadrat

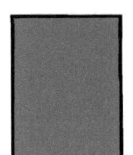

obdélník
....
Pravokotnik

trojúhelník
....
Trikotnik

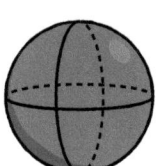

koule
....
Krogla

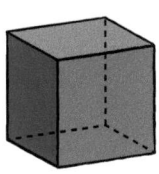

krychle
....
Kocka

bílá
Bela

žlutá
Rumena

oranžová
Oranžna

růžová
Rožnata

červená
Rdeča

fialová
Vijolična

modrá
Modra

zelená
Zelena

hnědá
Rjava

šedá
Siva

černá
Črna

hodně / málo

veliko / malo

rozzuřený / mírumilovný

jezno / umirjeno

krásný / ošklivý

lepo / grdo

začátek / konec

začetek / konec

velký / malý

veliko / majhno

světlý / tmavý

svetlo / temno

bratr / sestra

brat / sestra

čistý / špinavý

čisto / umazano

úplný / neúplný

popolno / nepopolno

den / noc

dan / noč

mrtvý / živý

mrtvo / živo

široký / úzký

široko / ozko

jedlý / nejedlý

užitno / neužitno

zlý / hodný

zlobno / prijazno

vzrušený / znuděný

vznemirjeno / zdolgočaseno

tlustý / hubený

debelo / vitko

nejdříve / naposledy

prvo / zadnje

přítel / nepřítel

prijatelj / sovražnik

plný / prázdný

polno / prazno

tvrdý / měkký

trdo / mehko

těžký / lehký

težko / lahko

hlad / žízeň

lakota / žeja

nemocný / zdravý

bolano / zdravo

ilegální / legální

nezakonito / zakonito

inteligentní / hloupý

pametno / neumno

vlevo / vpravo

levo / desno

blízko / daleko

blizu / daleč

nový / použitý

novo / rabljeno

nic / něco

nič / nekaj

starý / mladý

staro / mlado

zapnutý / vypnutý

vklopljeno / izklopljeno

otevřeno / zavřeno

odprto / zaprto

tichý / hlasitý

tiho / glasno

bohatý / chudý

bogato / revno

správný / špatný

prav / narobe

drsný / hladký

grobo / gladko

smutný / šťastný

žalostno / veselo

krátký / dlouhý

kratko / dolgo

pomalý / rychlý

počasi / hitro

vlhký / suchý

mokro / suho

teplý / chladný

toplo / hladno

válka / mír

vojna / mir

0	**1**	**2**
nula	jedna	dva
Nična	Ena	Dva

3	**4**	**5**
tři	čtyři	pět
Tri	Štiri	Pet

6	**7**	**8**
šest	sedm	osm
Šest	Sedem	Osem

9	**10**	**11**
devět	deset	jedenáct
Devet	Deset	Enajst

12
dvanáct
Dvanajst

13
třináct
Trinajst

14
čtrnáct
Štirinajst

15
patnáct
Petnajst

16
šestnáct
Šestnajst

17
sedmnáct
Sedemnajst

18
osmnáct
Osemnajst

19
devatenáct
Devetnajst

20
dvacet
Dvajset

100
sto
Sto

1.000
tisíc
Tisoč

1.000.000
milion
Milijon

angličtina

Angleščina

americká angličtina

Ameriška angleščina

standardní čínština

Mandarinščina

hindština

Hindujščina

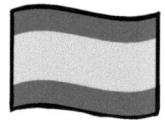

španělština

Španščina

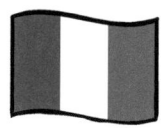

francouzština

Francoščina

arabština

Arabščina

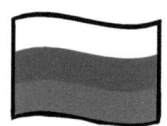

ruština

Ruščina

portugalština

Portugalščina

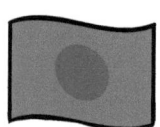

bengálština

Bengalščina

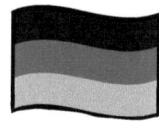

němčina

Nemščina

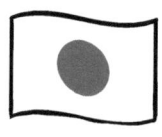

japonština

Japonščina

já

Jaz

ty

Ti

on / ona / ono

On / ona / tisto

my

Mi

vy

Vi

oni

Oni

Kdo?

Kdo?

Co?

Kaj?

Jak?

Kako?

Kde?

Kje?

Kdy?

Kdaj?

jméno

Ime

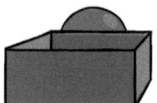

za

Zadaj

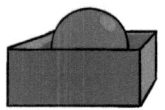

do

V

z

Pred

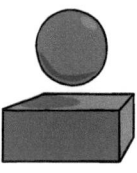

nad

Nad

na

Na

mezi

Pod

vedle

Poleg

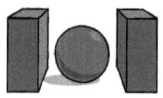

mezi

Med

místo

Kraj